D1664602

SEINE HEILIGKEIT GYALWA KARMAPA

OLE NYDAHL

DHARMA-BELEHRUNGEN

EINFÜHRUNG IN DIE LEHRE BUDDHAS

OCTOPUS VERLAG WIEN

Hinweis für die Aussprache
Bei allen Sanskrit- und tibetischen Wörtern gilt:
c und ch = tsch; j = dsch, sh = sch.

ISBN 3-900 290-34-2

Verbesserte Neuauflage 1989

Octopus Verlag, Erich Skrleta, A-1010 Wien, Fleischmarkt 16

Druck: Wiener-Verlag, Himberg

OLE NYDAHL

D. C. CENTRE
RUMTEK, SIKKIM,
INDIA.

H. H. SHAMARPA

11-8-1983

To Whom It May Concern.

This is to certify that Mr. Ole Nydahl, Denmark, is appointed Buddhist Master, and that he transmits the blessing and activity of the Karma Kagyud Lineage.

His qualifications are these: He has been a close, personal disciple of H.H. the Gyalwa Karmapa since December 1969, when he met Him at the Swayambhu Stupa in Nepal, and he has taken initiations and Mahamudra teachings from His Holiness and the highest Kagyud Lamas which he has practiced accordingly.

For the last 10 years he has been starting centres, teaching and protecting the practitioners all over the world on the request of His Holiness, and he is fully qualified in guiding meditations and leading people in the Dharma.

His wide-ranging activity has been of great benefit for countless students so far, and it is my request that Mr. Ole Nydahl may be recognized in accordance with the above declaration and receive all help in his important work.

Shamar

His Holiness Shamar Rinpoche

DHARMA-BELEHRUNGEN

Der Buddha rät uns, durch drei Stufen zu gehen, wenn wir mit seiner Lehre arbeiten wollen.

Die erste Stufe ist diejenige, in der wir Informationen bekommen, also wo wir etwas hören.

Die zweite ist die des Untersuchens: Stimmt es oder stimmt es nicht, kann ich es verwenden oder nicht.

Und die dritte ist dann diejenige, in der man das Ganze verinnerlicht; man schafft Raum, damit es eindringen und wachsen kann. - Dies wird Meditation genannt.

Diese drei Stufen sind notwendig, um eine wirkliche Erfahrung von der Lehre Buddhas zu bekommen.

Vor etwa 15 Jahren, als ich anfing, Vorträge zu halten und Zentren in Gang zu setzen, ging es noch darum, neue Begriffe einzuführen: Ursache und Wirkung im weitesten Sinne, also Karma oder das Fortbestehen der Energie-Klarheit unseres Geistes nach dem Tode und sein Weitergehen in andere Körper, das was Reinkarnation oder Wiedergeburt genannt wird, usw.

Heute finden wir Begriffe wie Karma und Wiedergeburt überall. Über den Westen ist in den letzten Jahren eine oft sehr verwirrende Flut von neuen geistigen Systemen hereingebrochen. Wir haben Begriffe vom Hinduismus und Buddhismus aufgenommen, die zwar oft die gleichen sind und dennoch nicht dasselbe bedeuten.

So wird Euch zwar vieles, was Ihr hier lest, nicht neu vorkommen, aber es wird sicher ein paar extreme Vorstellungen abschaffen und Ihr werdet Zusammenhänge finden, die Ihr bisher nicht gesehen habt.

Schauen wir uns die Lehre Buddhas an, stehen wir vor 108 dikken Bänden, im Westen hingegen sind wir an ein einziges heiliges Buch mit Kommentaren gewöhnt. Ein Lehrer kann immer soviel darbieten, wie seine Umgebung ihm ermöglicht, und der Buddha lebte in einer wirklichen Hochkulturperiode, im alten vedischen Indien vor 2500 Jahren. Obwohl die Menschen äußerlich unter primitiven Bedingungen lebten, waren die geistigen Wissenschaften hoch entwickelt. All das was wir in den letzten paar hundert Jahren im Westen an Philosophie herausgefunden haben, sei es Existentialismus, Nihilismus, Idealismus oder Materialismus, finden wir vollständig ausgeführt in den sechs sogenannten extremen philosophischen Schulen der Wahrnehmung und des Verständnisses. Viele dieser sehr begabten, geschulten Leute kamen zum Buddha, stellten bohrende, direkte Fragen und forderten echte Antworten; sie wollten wirklich etwas lernen, was ihrem Leben Sinn gab.

Daneben kamen natürlich auch gewöhnliche Leute, die es immer und überall gibt, diejenigen, die aus ihrem allgemeinen Leben das Bestmöglichste machen wollen. Darüber hinaus hatte der Buddha eine sehr lange Zeit um zu lehren. Von seiner vollen Erleuchtung im Alter von 35 Jahren an bis zum Zeitpunkt, als er seinen Körper im Alter von 80 Jahren verließ, hatte er ganze 45 Jahre zur Verfügung, in denen er unzähligen Wesen begegnet ist. Jedem hat er seiner Situation gemäß Hilfsmittel gegeben, und er konnte am Ende wirklich sagen: "Ich kann fröhlich sterben, denn ich habe keine einzige Belehrung in einer geschlossenen Hand gehalten, alles, was Euch irgendwie von Nutzen sein kann, habe ich gegeben."

Wir brauchen uns wirklich nur die riesigen Unterschiede zwischen den Menschen, ihren Einstellungen, Wünschen und Gedanken anzuschauen und müssen auch nicht allzu tief auf unsere eigenen, ständig wechselnden Gefühlszustände blicken, um zu verstehen, daß eine riesige Menge von unterschiedlichen Belehrungen notwendig ist, um allen Wesen etwas zu geben.

Wir haben, wie bereits erwähnt, 108 dicke Bände, in denen seit 2500 Jahren die 84000 Belehrungen, Erklärungen und psychologischen Hilfsmittel des Buddha festgehalten sind. Natürlich ist das alles nicht etwas, was man in ein paar Stunden verarbeiten kann, aber wir werden es aus der Vogelperspektive anschauen; wir haben dann ein Skelett und können es nach und nach mit Leber, Nieren, Herz usw. ausfüllen, so daß etwas Vollständiges, Ganzes entsteht.

Wir sollten für unsere geistige Entwicklung eigentlich dieselben Wertmaßstäbe anlegen, wie für die Welt draußen, denn auch hier müssen wir Zeit und Mühe investieren. Wenn wir z.B. eine Arbeit annehmen, erwarten wir, daß eine gewisse Menge Geld und dadurch eine gewisse Menge Freiheit dabei herauskommt. Genauso sollten wir, wenn wir uns mit "Geistesarbeit" beschäftigen, letztendlich direkte, konkrete Resultate erwarten.

Außerdem, wenn wir genau überlegen, stellen wir fest, daß wir eigentlich gar nicht soviel Zeit haben, wie wir immer denken. Wenn wir jung sind, erscheinen uns Tage und Nächte sehr lang, aber dann fangen sogar die Monate und Jahre an, uns davonzulaufen. Wir können unsere kostbare Zeit nicht für irgend etwas Nutzloses verschwenden, wie etwa Bäume hinaufzuklettern, in denen keine Äpfel hängen.

Deswegen lohnt es sich, die beiden ganz einfachen, aber hautnahen Fragen zu stellen, die der Buddha schon vor 2500 Jahren oft beantwortete.

Die erste Frage ist: "Warum lehrte der Buddha, warum gab er seine Erfahrungen weiter?"

Die zweite Frage ist: "Was lehrte der Buddha, was vermittelt er uns?"

Auf die erste Frage antwortete er: "Ich lehre, weil Ihr und alle Wesen Glück haben und Leid vermeiden wollt."

Es ist ganz offensichtlich, daß Glück für unser Leben von großer Bedeutung ist. Ob wir gemeinsam ein soziales System oder einen Staat aufbauen oder ob wir für uns etwas tun, arbeiten, heiraten, irgendwo hinfahren, was wir auch machen, hinter allem steht die Suche nach Glück, nach etwas Angenehmen oder der Versuch, Leidbringendes zu vermeiden. Was der Buddha hier sagt, hat unmittelbar mit unserem Leben zu tun; er versucht nicht, ein fremdes System über unseren Kopf zu stülpen, uns etwas glauben zu lassen, was wir nicht erfahren können.

Das Einzige, was er uns geben will, ist ein Leben voll inneren Reichtums. Er arbeitet im Auftrag von niemandem, sondern ist ausschließlich und direkt für uns da. Er ist unser Mann.

Stellen wir die zweite Frage, was der Buddha gelehrt hat, ist die Antwort auch in diesem Fall einfach: "Ich lehre nur, wie die Dinge sind, wie Ursache und Wirkung funktionieren."

In den sogenannten buddhistischen Ländern, sei es Thailand, Ceylon, Tibet, China oder Japan, gibt es überhaupt kein Wort wie "Buddhismus". Das, was auf Sanskrit "Dharma" heißt und auf tibetisch "Tschö", dieses Wort bedeutet einzig und allein "wie die Dinge sind", wie sie funktionieren. Und das Wort "Buddhist", das wir hier im Westen gemacht haben, heißt auf tibetisch "nang-ba". "Nang" bedeutet "innerhalb" und "ba" bedeutet "Leute", also Leute, die entsprechend des Gesetzes von Ursache und Wirkung leben. Und wenn wir lernen "wie die Dinge sind" können wir intelligent, sinn- und kraftvoll handeln und ein dauerhaftes Glück für andere und uns selbst erlangen.

Was ist nun das Ziel der ganzen Lehre? Auch das ist direkt erfahrbar: Auf Sanskrit heißt es "Buddha", das bedeutet "voll erwacht" oder "von allen Schleiern der Unwissenheit und allen Störungen befreit". Auf Tibetisch heißt es "sang-gyä". "Sang" bedeutet "völlig gereinigt", so wie ein Spiegel oder Juwel, ohne jeden Staub; und "gyä" bedeutet "zur vollen Blüte gebracht".

Der Buddha-Geist ist also einerseits ohne jeden Schleier der Unwissenheit und andererseits ist sein ganzer Reichtum an Eigenschaften voll erblüht: seine Kraft, Freude, Klarheit und sein Mitgefühl. Es ist ein Zustand, frei von allem Leid.

Der Buddha sagt, wir seien alle Buddhas, die es nur noch nicht erkannt haben, und daß wir alle einen enormen, geistigen Reichtum besitzen. Er vergleicht uns mit unerhört reichen Leuten, die eingeschlafen sind und träumen, daß sie Probleme haben, nichts tun können, daß alles sehr schwierig und verkehrt ist. Die Belehrungen sollen dazu führen, daß wir aufwachen und das zeitlose Wesen unseres Geistes erkennen.

Um das zu erreichen, gab der Buddha die 84000 Belehrungen. Sehen wir uns diese näher an, so finden wir darin eine althergebrachte, überschaubare Gliederung, die danach eingeteilt ist, mit welcher Störung in uns gearbeitet wird.

Nach dieser Gliederung besteht die Lehre aus vier Teilen:

Ein Teil, 21000 Belehrungen, arbeitet mit unseren Anhaftungen, mit unserer Engheit und ihrer Beseitigung. Sie heißen Vinaya.

21000 andere beziehen sich darauf, wie Haß, Zorn und Widerwillen abgebaut werden. Sie heißen Sutra.

Wieder 21000 arbeiten mit unseren selbstgestrickten Philosophien und Vorstellungen. Sie sind gegen unklares Denken gerichtet und heißen Abhidharma.

Und schließlich gibt es dann 21000 Belehrungen, die den ganzen Geist auf einmal berühren und umwandeln, die mit sehr tiefen psychologischen Mitteln arbeiten. Diese heißen Tantra und durch sie wird die Bewußtseinsebene, auf der wir die Dinge erleben, immer mehr erhöht, verfeinert und geklärt. Aber wenn wir das Wort Tantra hören, dann bitte nicht buddhistisches und hinduistisches Tantra durcheinandermischen! Obwohl Teile der Symbolik gleich sind, Weg und Ziel sind verschieden. Mischen wir die beiden, hat die Verwirrung kein Ende und wirkliche Erfahrung kann nicht entstehen. In unseren Zeiten, wo es Gurus gibt, die behaupten, über den Religionen zu stehen, ist es auch wichtig zu wissen, daß nur diejenigen, die von den hohen Lamas Übertragung, Geheimerklärung und Ermächtigung bekommen haben, buddhistische Tantras weitergeben und vermitteln können. Wer sonst darüber schreibt, kennt nur die teilweisen Belehrungen aus den Büchern, die nur Gedächtnisstützen sind, hat aber keinen Anteil am lebendigen Übertragungsstrom.

Diese Unterteilung der Lehre in vier Gruppen ist zwar die traditionelle, aber um die Lehre wirklich als praktisches Werkzeug in unserem Leben einsetzen zu können, gibt es eine Unterscheidung, die noch nützlicher ist, die in "absolut" und "relativ". Wir können so einschätzen, ob das, womit wir gerade arbeiten, mit dem Ziel oder mit dem Weg zu tun hat, ob es dauerhaft ist oder mit einer Entwicklung zu tun hat. Diese Faustregel können wir in jeder Lebenssituation anwenden.

Alles, was der Buddha gelehrt hat, ist generell und universell. Nichts davon ist auf eine gewisse historische Epoche, ein bestimmtes

Volk oder eine Rasse ausgerichtet. Jeder der einen Geist hat, kann es verwenden, es gehört allen.

Beginnen wir mit den absoluten Belehrungen. Hier ist der Buddha ganz konsequent. Er nimmt uns jedes Kissen, jeden weichen Sessel weg und schneidet jede süßlich-spirituelle Einstellung sofort durch.

Er zeigt uns, daß nichts von dem, was wir denken, schmecken, fühlen, sehen und uns vorstellen können, absolut ist. Das größte Universum, der härteste Diamant, die klügste politische Idee oder These, nichts davon bleibt, nichts ist dauerhaft. Alles entsteht aus Bedingungen, ist zusammengesetzt, ändert sich und löst sich ganz sicher wieder auf. Obwohl wir Diamanten schätzen, weil sie länger halten als wir, würde es uns keinen Nutzen bringen, ein Kilo davon mit ins Grab zu bekommen.

So zeigt uns der Buddha, daß wir Werten, die nur für ein Leben dauern, nichts Absolutes beimessen können, sondern daß wir versuchen müssen, etwas zu finden, was wirklich "da" ist.

Wenn wir dann nach etwas suchen, was zu allen Zeiten und Orten existiert, was nicht sterben, verschwinden und weggehen kann, dann finden wir nur eines: Einerseits Offenheit, Raum, ein Potential, das alle Dinge ermöglicht und zuläßt und andererseits leuchtende Klarheit, die wissen und verstehen kann, was im Raum geschieht.

Nur diese Raum-Klarheit ist von absoluter und dauerhafter Wirklichkeit. Alles entsteht darin freispielend und löst sich dann wieder auf. Diese Raum-Klarheit selbst jedoch ist nicht zusammengesetzt, wurde nicht geboren oder geschaffen und wird auch niemals wieder verschwinden. Sie ist jenseits aller Begrenzung von Zeit und Raum.

Wenn diese Raum-Klarheit nun etwas wäre, was es hinter dem Mond oder in Sibirien gibt, dann könnten wir eine Doktorarbeit in vergleichender Religionswissenschaft darüber schreiben und berühmt werden, aber für Leben, Tod und Wiedergeburt hätte es nicht viel Sinn. Diese Raum-Klarheit ist aber näher an uns als unsere eigene Haut, ist uns näher als alles, was wir mit den Sinnesorganen erfassen können. Wenn wir versuchen, herauszufinden, wer jetzt bewußt ist, wer Erinnerungen hat an das, was vorhin auf der Straße geschah, wer

Pläne für heute abend macht - suchen wir nach dem, der das tut, was finden wir dann?

Wer ist dieser "Erleber", mit dem die Dinge geschehen, der froh und unfroh wird und Gedanken, Gefühle und Vorstellungen hat? Er ist nichts anderes als die Raum-Klarheit, die fähig ist, alles zu wissen und zu verstehen.

Aber der Buddha sagt nicht: "Glaubt mir, dann werdet Ihr selig", sondern er sagt: "Glaubt mir überhaupt nichts, sondern überprüft es!"

Glauben können wir viel, heute dieses, morgen wieder etwas anderes, aber sehr viel ändert sich dadurch nicht. Nur auf das, was so sehr Teil von uns geworden ist, daß es nicht mehr verloren gehen kann, was wirklich erfahren wurde, nur darauf können wir bauen.

Wenn wir jetzt versuchen würden, die Augen um 180 Grad zu drehen um in uns hinein zu schauen, könnte ich Euch viel Geld anbieten, wenn Ihr mir sagt, welche Größe, Länge, Breite, Form oder welchen Geschmack euer "Erleber" hat, und ich würde das Geld mit Sicherheit behalten. Keiner wäre jemals fähig zu sagen: "Mein Geist ist grün, sieht aus wie ein Pferd, wiegt 100 Gramm und hat einen weißen Streifen in der Mitte", oder könnte sonst irgendeine Beschreibung geben. So kommen wir immer wieder zu demselben Ergebnis: Ein Ding, das die Dinge erlebt, ist nirgends zu finden.

Das wahre Wesen des "Erlebers" ist wie der Raum, ist Potential, ist Offenheit und das ist es, was der Buddha durch das Wort "Shunyata" auf Sanskrit oder "tong-pa-nyi" auf Tibetisch ausdrückt. Als die Europäer vor ein paar hundert Jahren auszogen und die Welt eroberten, da waren diejenigen, die die fremden Kulturen erforschten, intellektuell geschulte Leute. Es waren Geisteswissenschaftler, die keine innere Erfahrung von den Dingen suchten, aber dicke Bücher über sie schrieben. Sie waren wie Leute, die Kochbücher schreiben, ohne vorher das Essen zu probieren. Sie kannten nur zwei Sichtweisen, Materialismus oder Nihilismus, und als sie dann in den buddhistischen Ländern auf das Wort "Leerheit" stießen und hörten "Der Geist ist leer", da haben sie dies natürlich sofort der Kategorie Nihilismus zugeordnet.

Sie schrieben, daß der Buddhismus zwar keine Kriege erlaube und die Wesen zur Selbständigkeit erziehe, er aber eine verneinende und freudlose Angelegenheit sei, mit dem höchsten Ziel des "Auslöschens" und des Eingehens in ein Nirvana. Diese Leute haben nur den "Begriff" der Leerheit herausgenommen, aber nicht untersucht, wie sich diese Leerheit anfühlt, sonst wären sie auf eine ganz andere Idee gekommen.

Wir finden zwar keinen "Erleber", aber wir stellen dennoch fest, daß eine ganze Menge erlebt wird: Wir denken, fühlen, stellen uns etwas vor, erinnern uns, hoffen und träumen; diese Leerheit ist also kein "Nichts", denn der Raum unseres Geistes ist leuchtend klar und begabt, hat Fähigkeiten, ist bewußt.

Wir haben heute bessere Sinnbilder für die Leerheit-Klarheit als noch vor zehn oder zwanzig Jahren: Die Aufnahmen aus der Raumfahrt mit dem grenzenlosen Blauschwarz des Alls hinter den silbermetallenen Formen der Raumschiffe und Menschen, die sich frei im All bewegen und auch die Bilder von der Erde als kleine Kugel im Weltraum, all das hat unsere Vorstellung vom Raum enorm vergrößert. Die Zeit, wo der Himmel eine Kuppel mit Wolken und Sternen darauf war, ist wirklich vorbei.

Auch das Verständnis von Klarheit hat sich sehr geändert, seit wir es geschafft haben, Intelligenz in Maschinen zu packen, die auf Knopfdruck Bilder und Zahlen hervorbringen. Ohne genau zu wissen, wie diese Computer und Taschenrechner funktionieren, benutzen wir sie inzwischen überall. Die äußeren Erfahrungen mit Raumfahrt und Elektronik haben uns also dabei geholfen, in der Vorstellung von Raum-Klarheit Blockierungen zu entfernen.

Was aber das dritte Merkmal des "Erlebers" betrifft - seine Unbegrenztheit - nützen sie uns wenig.

Immer mehr Leute gehen mit einem kleinen süßen Lächeln herum und sagen: "Ich bin dieses Sternzeichen; ich kann mit diesen Leuten etwas anfangen und mit jenen nicht; ich bin ein Gefühlsmensch; ich bin ein Intellektueller; das kann ich und das nicht." Wir machen uns feste, kleine Kästen und begrenzen uns dadurch. Wir verbrauchen viel Kraft und Energie damit, uns selbst einzumauern. Wir gießen Beton in die Wände unserer eigenen Gefängnisse.

Auf relativer Ebene haben wir natürlich unterschiedliche Eigenschaften entwickelt: Einer ist ein Held, ein anderer läuft eher davon, einer verliebt sich ständig, ein anderer liest lieber Bücher. Aber wenn wir das als absolute Begrenzungen nehmen, begehen wir einen großen Fehler.

Auch der größte Angsthase kann unter den richtigen Umständen zum Helden werden. Der Intellektuelle, der glaubt, keine Gefühle zu haben, kann sich total verlieben, wenn die richtige karmische Verbindung auf hohen Absätzen vorbeispaziert. Und der gefühlsmäßigste Mensch ist fähig, Zusammenhänge zu begreifen, auch wenn sie nichts mit seinen dramatischen Vorstellungen von der Welt zu tun haben, - man muß es ihm nur oft genug erklären.

All die Begrenzungen, die wir zu sehen glauben und die wir uns auferlegen, sind bedingt und relativ. Es ist, als ob wir von einem unbegrenzten Feld, das wir besitzen, nur eine ganz kleine Ecke wirklich nutzen.

Der Buddha entdeckte also drei Dinge, als er seinen Geist sich selber erleben ließ:

Der Geist ist offen wie der Raum -

Er ist leuchtend klar und begabt -

Er ist unbegrenzt.

Der Unterschied zwischen Erleuchteten und uns ist, daß sie diese Offenheit, Klarheit und Unbegrenztheit erleben, während wir nur die Dinge erleben, die im Raum entstehen, sich entfalten und wieder auflösen. Sie erleben das, was ständig da ist; wir erleben das, was kommt und geht.

Wahrheit ist an allen Stellen und zu allen Zeiten dieselbe. Sie kann nicht kleiner oder größer gemacht werden. Die einzige Frage ist, ob wir sie erkennen oder nicht.

Das alles klingt vielleicht ein bißchen technisch und intellektuell, und wir könnten denken, der Buddha sei einer, der nur klüger ist als wir und besser diskutieren kann. Nein, - der Buddha hat eine total andere Erlebnisdimension. Er hat ein Erlebnis von Kraft, Liebe, Freude und Vollkommenheit - was wir uns überhaupt noch nicht vorstellen können. Aber wir können mit den Erfahrungen, die wir alle schon haben, wenigstens teilweise nacherleben, wie volle Erleuchtung sein muß.

Das Entscheidende ist natürlich, womit wir uns identifizieren. Die meisten von uns denken entweder "Ich bin dieser Körper" oder "Ich bin diese Gedanken, Gefühle und Kindheitserinnerungen". Beides ist nicht zufriedenstellend.

Wenn wir glauben, unser Körper zu sein, macht das vielleicht zwischen 30 und 50 Spaß. Vorher sind wir zu verwirrt, und hinterher fallen Haare und Zähne aus. Irgendwann kommen Krankheit, Alter und Tod, das ist nicht zu vermeiden.

Identifizieren wir uns mit sich ändernden Gefühlszuständen und Leidenschaften, ist das unausweichliche Resultat davon Verwirrung, denn es gibt kein Gefühl, das sich festhalten läßt. Je mehr wir nach guten Gefühlen und Zuständen greifen, desto steifer werden sie, und desto sicherer lösen sie sich wieder auf. Die negativenGedanken und Gefühle, von denen wir nichts wissen wollen, leben sowieso nur von der Energie, die wir in sie investieren. Wenn wir uns mit ihnen identifizieren und denken: "Das ist mein Problem, der kann mir schaden", dann füttern wir den Tiger, und er kommt - da man ihn erst nimmt - immer dicker und fröhlicher wieder. Wenn wir aber nicht daran haften, sind störende Gefühle wie schlechtes Wetter, sie gehen vorüber. Man läßt die störenden Gedanken weiterlaufen, wie Wolkenfetzen vor der Sonne vorbeiziehen, während man das tut, was anliegt oder einen interessiert. So werden die Gedanken immer schwächer; der Tiger wird dünner, seine Knochen klappern, weil er nichts mehr zu fressen bekommt, und eines Tages bleibt er weg, denn er bekommt keine Energie mehr von uns.

Glauben wir, unser Körper zu sein, sind Krankheit, Alter und Tod wirkliche und riesige Probleme; und glauben wir, unsere Gedanken und Gefühle zu sein, greifen wir immer nach Sachen, die wir nicht halten können und kämpfen gegen andere, die durch unseren Kampf nur noch lebendiger werden. Leid und Verwirrung sind dann das Resultat und wir fühlen uns unfrei.

Aber wenn wir wirklich erfassen, daß unser wahres Wesen wie der Raum ist, daß er die Basis ist, die alle Dinge ermöglicht, dann verschwinden Angst, Engheit und Anhaftung. Wir können unsere Verkrampfungen loslassen, werden unerschütterlich und furchtlos, weil ganz tief in uns die Weisheit ruht, daß das, was die Dinge erlebt, der Raum, nicht beschädigt und zerstört werden kann. Wir haben totale Sicherheit, totale Zuversicht. Wir ruhen in dem, was da ist, und fühlen uns in allen Situationen zuhause.

Von dieser unerschütterlichen Basis aus werden die verschiedenen Erlebnisse, Gedanken und Gefühle - sei es Jugend, Kraft, Liebe oder Krankheit, Alter und Tod als das freie Spiel des Geistes erlebt, als sein Reichtum, seine Fähigkeit, Dinge entstehen, frei spielen und wieder verschwinden zu lassen. Das eine ist dann nicht etwas, was man krampfhaft festhalten muß, sondern ist Form, die im Raum entsteht; während das andere nichts ist, was man fürchten muß, sondern Form, die sich im Raum wieder auflöst.

Erleben wir den Geist, ist alles, was darin geschieht, ein Reichtum, ein Geschenk. Wir besitzen nicht nur den Spiegel, es erscheinen auch Bilder darin. Erleben wir den Geist jedoch nicht, sehen wir nur die Bilder, die kommen und gehen, reagieren wir mit Hoffnung und Furcht, mit Gefühlen, die uns arm machen.

Dieses unerschütterliche Verweilen des Geistes in sich selbst ist aber kein gefühlloser Zustand, in dem die Leiden der Welt bloß wahrgenommen werden. Das Entfernen der eigenen Einengungen setzt vielmehr eine mächtige Energie für andere frei: Man sieht sowohl die Buddhanatur der Wesen als auch ihre Unfähigkeit, diese zu erleben; wie sie auf relativer Ebene an ihren Körpern und Situationen haften. Sogar, wenn man unter gewissen Umständen hart eingreift, ist die Motivation niemals Zorn oder Verwirrung, sondern man handelt wie ein Chirurg, der etwas herausschneidet, weil sonst noch Schlimmeres daraus entstehen würde.

Wie aber erlebt sich die Unbegrenztheit unseres Geistes, die Erkenntnis, daß keine wirklichen Blockaden und Hindernisse da sind. Sie zeigt sich als starke, spontane Liebe, als Liebe die gar nicht umhin kann, sich auszudrücken, als unbegrenztes Mitgefühl. Wir sehen deutlich, daß das, was uns trennt, die Unterschiede im Körper, im Geld, in der Sprache, im Einfluß usw., nur bedingte Zustände sind, die sich ständig ändern und wieder auflösen. Sie sind nichts Dauerhaftes, sondern nur das, was uns gemeinsam ist, bleibt: Auf relativer Ebene die Tatsache, daß wir Glück haben und Leid vermeiden wollen, daß wir uns gut benehmen, wenn es uns gut geht und bleischwer sind, wenn es uns schlecht geht. Und auf absoluter Ebene teilen wir dieselbe Raum-Klarheit. Sie ist das Einzige, was wirklich existiert. Ob man will oder nicht, es wird sehr schwierig, gute Gefühle nur für sich selbst zu behalten, man erlebt andere Wesen als eins mit sich.

Ich will das, was ich bis jetzt erklärt habe, kurz zusammenfassen, denn es ist die Essenz der Erleuchtung selbst. Der Buddha sagt, daß das Einzige, was absolut ist - was zu allen Zeiten und überall da ist - die offene, leuchtend klare Unbegrenztheit unseres Geistes ist, während alle Gedanken, Vorstellungen und Körper wie die unsrigen, sogar Universen, wie wir erleben und sehen können, nur Dinge sind, die entstehen, frei spielen und sich in dieser offenen, klaren Unbegrenztheit wieder auflösen.

Wie die Strahlen nicht von der Sonne und das Nasse nicht vom Wasser, so ist das Erleben vom Raum des Geistes nicht von totaler Sicherheit und Furchtlosigkeit zu trennen. Aus dem Erleben der Klarheit, der leuchtenden, frei spielenden Vielfalt des Geistes entsteht spontan große Freude und aus der Unbegrenztheit des Geistes absolute Liebe, die nicht mehr unterscheidet und trennt.

Ihr denkt jetzt vielleicht: "Das war breite Philosophie, was ich hier gehört habe, aber wie kommt es, daß ich immer noch an das Geld für die Miete denke, an die Prüfung in drei Wochen oder an die Freundin, die davonlief. Wie kommt es, daß ich die Buddhanatur habe, aber nicht diesen Zustand, sondern eher allgemeine Gewohnheits- und Verwirrungswelten erlebe?" Der Buddha antwortet: "Das war immer so". - Unser Geist hatte von anfangsloser Zeit - denn er ist niemals geschaffen worden, er ist jenseits aller Begrenzungen von Zeit und Raum - eine doppelte Natur. Er hat einerseits die Klarheit, nach außen alles zu wissen und zu erkennen, andererseits kennzeichnet ihn auch eine grundlegende Unwissenheit, eben seine Unfähigkeit, sich selber zu sehen.

Unser Geist in seinem allgemeinen Zustand wird mit einem Auge verglichen: Ein Auge kann draußen alles ganz deutlich sehen und verstehen, aber sich selbst sieht es ohne Spiegel nicht. In derselben Weise ist der Geist fähig, draußen alles mögliche zu verstehen und damit zu arbeiten, aber sich selbst kann er ohne Meditation nicht erfahren.

Wenn nun diese Unfähigkeit des Geistes bloß ein kleines Kavaliersdelikt unter seinen vielfältigen Fähigkeiten wäre, so wäre das kein Problem - aber so ist es leider nicht. Diese Unfähigkeit ist die Ursache für alle Leiden, Schwierigkeiten und ungesunden Zustände der ganzen Welt.

Sieht der Geist nicht, daß Erleber, Erlebnis und Erlebtes eine Einheit ausmachen, fängt er an, zu trennen. Der Raum des Geistes - das, was sieht - sagt "Ich", und das Gesehene - die Welt draußen - wird als etwas davon Getrenntes, als ein "Du" aufgefaßt. Mit dieser Dualität fangen alle Schwierigkeiten an, es entsteht Anhaftung an das, was uns gefällt und Widerwillen gegen das, was uns nicht gefällt. Aus diesen beiden fundamentalen Gefühlen entstehen dann noch weit kompliziertere.

Aus Anhaftung und egoistischen Wünschen entstehen Geiz, Gier, und gewisse Sorten von Eifersucht, denn was uns gefällt, wollen wir auch für morgen auf Lager haben. Aus Widerwillen entstehen Haß, Zorn, Neid und verschiedene Sorten von Eifersucht, denn wer uns nicht gefällt, dem soll es auch nicht gutgehen. Aus Dummheit entsteht Stolz, weil wir glauben, daß die Situationen, in denen wir jetzt sind, wo wir vielleicht etwas mehr Gesundheit, Geld oder Einfluß haben als andere, etwas Dauerhaftes wären. Dabei kann der Reichste jeden Moment alles verlieren, der Erfolgreichste die Leiter wieder hinunterfallen und auch der Gesündeste wird irgendwann krank und stirbt.

All dies sind bedingte Situationen, auf die kein wirklicher Verlaß ist.

Wenn diese verschiedenen störenden Gefühle auftauchen, fangen wir an, ungesund zu denken, zu reden und zu handeln. Wir agieren aus den oberflächlichen Erlebnissen der Unterschiede zwischen uns und nicht aus der tiefen Einsicht unserer dauerhaften Einheit.

Nach innen werden unangenehme, unverdaute Eindrücke ins Speicherbewußtsein gepflanzt, die dann als Depressionen, Krankheiten und Verkrampfungen hochkommen, während nach außen negative Energien in die Welt geschickt werden, die als Feinde, Unfälle oder kollektiv als Unterdrückung zurückkommen. Wenn so von innen unschöne Projektionen erlebt werden, die unser Weltbild verfärben oder wir von außen unangenehme Resultate unserer Taten ernten, dann vergessen wir leicht, daß wir selbst die Kakteen gepflanzt haben, in denen wir jetzt sitzen. Wir glauben, die anderen haben es getan; die mögen uns nicht, die sind schuld und wieder setzen wir etwas in Gang, pflanzen neue Ursachen von Leid. Das ist der Zustand allgemeiner Wesen und er entsteht aus der einfachen Unwissenheit des Geistes, aus seiner Unfähigkeit, sich selbst zu erkennen.

Die relative Ebene, die der Buddha lehrt, hat mit Entwicklung oder einem "Weg" zu tun. Er zeigt hier, wie wir zu unserem wahren Wesen, zu unserer Buddhanatur finden. Der Buddha gibt sehr viele verschiedene Anweisungen und Meditationen, die alle als Arzneien gesehen werden können, die uns gesund machen. Man kann die Belehrungen mit einer riesigen Apotheke vergleichen, mit 84000 verschiedenen Pulvern, Tabletten und Spritzen, die seit 2500 Jahren gleich gut funktionieren. Die Mittel, die der Buddha damals gegeben hat, wirken immer noch, denn obwohl alles Äußere sich so geändert hat, die Ursachen der "Krankheiten", die Wünsche und inneren Zustände der Leute, sind genau dieselben geblieben.

Außerdem sind diejenigen, die heute in unsere Zentren kommen, genauso wie die, die damals zum Buddha kamen und mit ihrem Geist arbeiten wollten.

Die meisten kommen natürlich niemals. Sie denken: "Jetzt bekomme ich eine Lohnerhöhung, dann werde ich froh; jetzt fahre ich in den Urlaub, dann geht es mir gut". Man heiratet und erwartet während der nächsten vierzig Jahre die Erfüllung aller Wünsche. Natürlich gibt es viele Sachen, die fähig sind, uns angenehme Zustände und viel Glück zu bringen - sei es Liebe, gute Freunde oder die Freiheit eines schnellen Autos, aber wenn wir dann ein Leben lang all das angehäuft haben, was uns gefiel, hilft uns das nichts, wenn die Leute mit dem Sarg kommen. Man hat das ganze Leben auf Werte gesetzt, die man nicht festhalten kann, die nicht in der Lage sind, über den Tod hinaus etwas für uns zu tun.

Die meisten Leute entdecken während ihres Lebens kaum, daß sie einen Geist besitzen, damals genauso wenig wie heute.

Die, bei denen der starke Wunsch entstand, mit ihrem Geist zu arbeiten, gliedern sich in drei Hauptgruppen. Natürlich sind die Veranlagungen der Wesen mehr oder weniger gemischt, aber man kann dennoch Schwerpunkte feststellen.

Erstens gibt es die, die ein Problem haben, die ständig irgendwo anstoßen, denen immer etwas wehtut - sie sind vor allem von dem Wunsch motiviert, ihr Leid loszuwerden. Diese Leute hat der Buddha über Ursache und Wirkung aufgeklärt. Er lehrt, in welchem Ursache-Wirkungsverhältnis sie mit ihrem eigenen Unterbewußten und der äußeren Welt stehen, welche Gedanken, Worte und Taten zu dem jetzigen Zustand geführt haben und welche Entwicklungsmöglichkeiten vorhanden sind.

Er hat das immer in einer Form getan, die wir akzeptieren können. Er stellt sich niemals als ein schöpfender oder als ein strafender Gott dar. Er sagt nicht, daß er uns gemacht hat und wir ihm gegenüber verpflichtet sind; im Gegenteil, er sagt, daß wir diese Welt selbst schaffen, daß sie aus unseren gefrorenen Bewußtseinsmustern entsteht, als ein kollektiver Riesentraum, an dem wir alle teilhaben.

Der Buddha kommt als Freund, als der Spezialist in Sachen Ursache-Wirkung, der uns hilft. In dieser Weise können wir ihn annehmen. Wenn einer sagt: "Trink nicht aus dieser Tasse, da war eben noch Salzsäure drin", oder: "Verbinde das rote Kabel nicht mit dem blauen, sonst gibt es einen Kurzschluß und dein Haus brennt ab", dann bedanken wir uns, denn er hat uns geholfen und vor Schaden bewahrt.

So macht uns der Buddha darauf aufmerksam, wie Körper, Rede und Geist in unserer jetzigen menschlichen Existenz einzusetzen sind, um das größtmögliche Glück für uns und andere zu schaffen.

Er zeigt uns, wie unser Körper - richtig verwendet - ein kostbares Werkzeug ist, um Schutz zu geben, die Wesen von Angst und Gefahren zu befreien, sie mit notwendigen, materiellen Dingen zu versorgen. Wie enorm wichtig unser Körper ist, um den Wesen Liebe zu geben, damit sie sich öffnen und sich reich und glücklich fühlen.

Was die Rede betrifft, macht uns der Buddha auf die vielen Möglichkeiten aufmerksam, die wir haben, zeigt uns, wie viel Gutes wir durch bewußtes Reden schaffen können. Wie wir so reden können, daß die Wesen aus Verwirrung und engen Zuständen Wege und Möglichkeiten finden, sich aus ihren Flips und extremen Vorstellungen zu befreien.

Und schließlich macht er uns klar, wie wir den Geist einsetzen können. Er rät uns, allen Wesen alles nur erdenkliche Gute zu wünschen. Das kostet nichts und sammelt viel Reichtum in unserem Speicherbewußtsein. Dies zu tun fällt viel leichter, wenn wir einsehen, daß die Leute nicht aus Bosheit Negatives tun, sondern aus Unwissenheit. Obwohl sie glauben, sich durch negative Taten kurzfristig einen Vorteil zu verschaffen, entsteht auf die Dauer nur Leid. Um so mehr sollte man sich aufrichtig freuen, wenn die Leute etwas Großzügiges oder Begabtes tun. Das ist nicht geistiges Schmarotzertum, man vermehrt dadurch die guten Eindrücke für andere und sich selbst.

Vor allem aber rät uns der Buddha, verschwommenes Denken zu beseitigen und nicht Gefühle und Vorstellungen, Ideen und Erfahrungen in vier verschiedenen Ecken zu halten, sondern alle Aspekte des Geistes sich ergänzen zu lassen.

Das waren die Belehrungen für die Engel unter uns; aber auch für die Härtefälle hat er welche gegeben. Er rät uns, mit Körper, Rede und Geist die verschiedenen Dinge zu vermeiden, die zwangsläufig zu Leid führen:

Mit dem Körper absichtlich Wesen zu töten, sie zu bestehlen oder sexuell zu mißhandeln; mit der Rede zu lügen, um anderen zu schaden, ihnen übel nachzureden, zu klatschen, so daß die Leute verwirrt werden, oder so grob zu reden, daß sie Angst bekommen; mit dem Geist die Wesen zu hassen, sie zu beneiden und verkehrte Anschauungen zu haben.

Den Leuten, die vor allem eigenes Leid vermeiden wollen gibt der Buddha diese Belehrungen. Sie heißen "Kleiner Weg" oder "Hinayana". Ein reiches Geistesleben aufbauen zu wollen, ohne unser Verhältnis zur Welt geklärt zu haben, vergleicht der Buddha damit, daß wir ein Haus auf Eis oder Sand bauen wollen. Es steht nur bis zum Frühling oder zum nächsten Regen.

Wenn aber unser Verhältnis zur Welt geklärt ist und wir aus einem Gefühl der Einheit heraus denken, handeln und sprechen und in früheren Lebenszeiten oder in diesem Leben die schlimmsten Neurosen und Leiden aus dem Geist entfernt worden sind, dann kommt der Geist zur Ruhe. Man kann ihn mit einer Tasse Kaffee vergleichen, die nicht mehr geschüttelt wird, sondern klar die Dinge widerspiegelt.

Die Energien unseres Geistes sind jetzt nicht mehr in der Bewältigung von eigenen Problemen gebunden, sondern wir haben plötzlich mehr Energie als gebraucht wird, um eigene Schwierigkeiten zu bewältigen. Wir haben einen psychologischen Überschuß, eine Extrakraft. Dieser Überschuß unseres Geistes, dieser Reichtum drückt sich einerseits als Wärme, Liebe und Mitgefühl aus und andererseits als Weisheit, als die Fähigkeit weiter zu sehen als nur bis zur eigenen Nasenspitze und weiter zu fühlen als bis in die eigenen Gefühlszustände.

Diese beiden Faktoren, Mitgefühl und Weisheit müssen sich immer ergänzen, damit sich der Geist in seiner Ganzheit entfaltet. Wir müssen nicht weiter als 40-50 Jahre in der Geschichte Europas zurückschauen, um zu wissen, wieviel Leid geschieht, wenn die Leute nur aus Gefühlen agieren, denkt nur an all die spannenden Frauen, die im Mittelalter als Hexen verbrannt wurden. Das Schulbeispiel heute für starke, ungesunde Gefühle ist wohl Khomeini's Iran.

Auf der anderen Seite brauchen wir nur in den Ostblock zu schauen, um die Trostlosigkeit zu erkennen, die entsteht, wenn nur kühles Denken und Planen regieren. Das Leben wird freudlos, alles wird auf den niedrigsten Nenner gebracht und nichts funktioniert. Den Langen wird ein Stück abgeschnitten, die Kurzen werden langgestreckt, damit sie in ein Maß hineinpassen, das von oben ohne Gefühl und Phantasie bestimmt wird.

Zuviel Gefühl oder zuviel Klugheit ist also gefährlich, bringt Leid. Aber beides zusammen, Gefühle als starke Beine und Weisheit als klare Augen, die sehen, wohin die Beine laufen sollen, das funktioniert, daraus entsteht volles Wachstum, und dieses ist Mahayana oder der große Weg.

Unser Mitgefühl entwickelt der Buddha durch drei verschiedene Stufen. Die erste ist die ganz persönliche, auf der sich die meisten von uns jetzt befinden. Man hat sich ein bißchen geöffnet, weiß aber sehr genau, wer Freund und wer Feind ist, wem es gut und wem es schlecht gehen soll. Nach und nach wundert man sich dann darüber, daß sich die Dinge andauernd ändern. Sehr schnell werden Freunde zu Feinden und umgekehrt, wenn ein noch größerer Feind auftritt, gegen den man sich dann verbündet. Es ist ungefähr so, als würde man zur Haustür hinausschauen, aber mit der Bereitschaft, die Tür blitzschnell wieder zuzuschlagen und zu sagen: "Ich wußte es; sie sind alle gegen mich!" Auf dieser Ebene sieht man die Welt sehr schwarz-weiß. Alles bezieht sich auf uns, wir sind der Mittelpunkt aller Dinge und alle machen ganz komplizierte Spiele, die uns als Zielscheibe haben. Wir empfinden alles sehr persönlich und sehr eng.

Aber allmählich erkennen wir, daß es gar nicht die Welt ist, die soviel Gymnastik macht, sondern unser eigener Geist.

Wie unmöglich sich die Leute auch benehmen: Wir sehen, daß sie nur ausdrücken, wie es ihnen geht. Ist ein Leid oder ein Problem da, versuchen sie eben oft, es auf andere abzuwälzen und geben vielleicht auch noch alle möglichen klugen Erklärungen dazu ab, warum sie es tun. Schauen wir aber die Lage genau an, sehen wir den Verstand hinter den Gefühlen herlaufen und schreien:"Ich habe alles unter Kontrolle, ich beherrsche die Situation!".

Das zu erkennen, gibt Verantwortung. Es bringt einen auf die nächste Stufe des Mitgefühls, auf der man in die Position eines Arztes kommt. Ein Arzt wird nicht sauer, wenn der Patient mit dem Bein unter dem Arm ankommt, sondern für ihn ist klar: Der Mann hat ein Problem, ich muß ihm helfen. In derselben Weise sehen wir, daß Leute, die unangenehm sind, primär ein Problem haben und sekundär versuchen, es anderswo abzuladen; aber wir nehmen es nicht mehr persönlich, wir versuchen ganz einfach zu helfen.

Das geht natürlich nicht immer mit süßen Worten. Ab und zu müssen wir hart durchgreifen, aber es geschieht niemals aus Zorn. Wir würden einem zornigen Mann kein Gewehr leihen oder einen Betrunkenen mit dem Auto fahren lassen. Das wichtigste ist, daß hinter allen Handlungen, die wir ausführen, mögen sie auch noch so grob erscheinen, Mitgefühl steht.

Dann gibt es noch eine dritte Ebene von Mitgefühl und die ist toll, sie ist wirklich etwas Besonderes. Da ist es nicht mehr so, als würden wir unangenehme, alte Bilder aus dem Spiegel unseres Geistes herausnehmen und durch neue, schönere ersetzen, sondern hier ist die leuchtende Fläche des Spiegels selbst der dauerhafte Zustand, aus dem wir nicht mehr herausfallen können. Das ist ein Mitgefühl, welches nicht mehr trennt, das nicht mehr auf Rückkoppelungserlebnisse, auf positiven Einfluß von außen angewiesen ist, um zu funktionieren. Es strahlt als riesige Kraft und Energie hinaus in alle Richtungen. Diese nicht trennende Liebe wird mit der Sonne verglichen, die nicht unterscheidet, ob die Leute gut oder böse sind, ob sie im Haus bleiben oder hinausgehen und sich bräunen wollen; die Sonne strahlt, ob die Leute es nutzen oder nicht.

Diese dritte, absolute Ebene des Mitgefühls ist das wahre Wesen unseres Geistes und die von uns, die das große Glück hatten, den höchsten tibetischen Lamas wie S.H. Karmapa, S.H. Dalai Lama, S.H. Sharmapa oder Kalu Rinpoche zu begegnen, haben eine Ahnung davon, wie sich diese dritte Ebene sich ausdrückt.

In dieser Weise entfaltet der Buddha unser Mitgefühl.

Unsere Weisheit entwickelt er durch die unzähligen, logischen Argumente in den Sutren und im Abhidharma, mit Beweisführungen, die in allen Kulturen ganz klar und einleuchtend sind. Hier geht es nicht darum, noch mehr Informationen in unsere Gehirnkästen zu stopfen. Der Buddha arbeitet in einer Weise mit unserem Geist, die vollkommen verschieden ist von dem, was wir von Schule und Universität her gewohnt sind. Dort geht es darum, große Mengen von Wissen auf einen Punkt zusammenziehen zu können, immer mehr Spezialwissen von immer abstrakteren Vorgängen parat zu haben.

Die Weisheit Buddhas bezieht sich auf den Geist selbst. Sein Ziel ist es, den Geist in einen Zustand zu bringen, wo er nicht mehr seinen Projektionen, Hoffnungen und Befürchtungen nachjagt, wo auch die ausgeklügeltsten, wildesten und extremsten Vorstellungen beruhigt werden.

So entsteht nach und nach ein Wissen des Geistes von sich selbst, ein Erlebnis vom Erleber. Wo wir nicht mehr durch die kleinen Gucklöcher von festen Ideen und Vorstellungen versuchen, die

Welt zu überschauen, wo wir nicht mehr sofort jedes Erlebnis in eine Schublade mit bestimmten Aufschriften und Merkzetteln stecken, wie es normalerweise unser Alltagsbewußtsein tut, breitet sich ein Moment der Offenheit, der Wahrheit, ein direkter Schock des Erlebnisses mehr und mehr aus und kann nicht mehr verlorengehen. Alle Einsichten und Klarheiten, alle Fähigkeiten entstehen spontan. Da, wo die Tasse Kaffee nicht mehr geschüttelt, der Spiegel vom Staub gereinigt und das Juwel geschliffen wird, entsteht die leuchtende, zeitlose, unbegrenzte Inspiration und Weisheit unseres Geistes. Aber nicht als etwas, das von draußen kommt, als ein neues Vitamin oder Hormon, das eingegeben wird, sondern als seine innewohnende Natur, als die Fähigkeit des Geistes, sein zeitloses Wesen zu erkennen. Plötzlich schaut das Auge, das immer nur nach außen geblickt hat, in einen Spiegel und sieht sich selber. Der Geist erkennt erst in kurzen Augenblicken und dann dauerhaft sein eigenes Wesen.

Der Buddha bringt unseren Geist auf eine sehr souveräne Weise zu dieser Erfahrung. Er verschanzt sich niemals in einem Schützengraben oder versucht, die Standpunkte anderer zu bekämpfen. Er zeigt einzig und allein, wo die Dinge hingehören, und wenn das verstanden worden ist, lösen sich alle Knoten von selbst.

Er zieht zwei sich widersprechende Ansichten, die der unerleuchtete Geist gern auf einen absoluten Nenner bringen will, ganz fröhlich auf die relative Ebene herunter, wo sie hingehören und sogar äußerst nützlich sind. Das sind die beiden Gegensätze von "Ich" und "Du" und von "Sein" oder "Nichtsein". Setzen wir diese Begriffe auf eine absolute Ebene, hat Verwirrung kein Ende.

Sie sind die Ursachen sowohl aller störenden Gefühle als auch von jeder schlechten Philosophie. Wie kann etwas, was so gegensätzlich und in sich zersplittert ist, absolut sein? Setzen wir diese Begriffe auf die relative Ebene, sehen wir, daß sie bloß kommen und gehen, während nur die offene, klare Unbegrenztheit des Geistes dauerhaft ist. So hat alles plötzlich Sinn, paßt und nichts engt mehr ein.

Alle Vorstellungen sind das freie Spiel des Geistes, sind seine Fähigkeit, sich seiner eigenen Möglichkeiten bewußt zu werden. Die Ursache aller störenden Gefühle, die Trennung "Ich" oder "Du" löst der Buddha auf, indem er zeigt, daß es das abgetrennte "Ich" gar nicht gibt. Das "Ich", womit wir uns identifizieren, ist nur ein Strom von Erfahrungen, ein ständiger Fluß, der Eindrücke aufnimmt. Er ändert sich ständig, ist das, was wir mit 7 und 17 waren, und was weiterführt zu 27 und 70. Nach dem Tode verläßt es den Körper als Energie-Klarheit, verarbeitet seine unterbewußten Eindrücke und verbindet sich dann wieder mit einem Körper. Es gibt aber keinen Moment lang etwas "Persönliches", was dasselbe bleibt; alles Äußere und Innere ändert sich ständig, und nur die offene, klare Unbegrenztheit, die es erlebt und ermöglicht, ist dauerhaft. Was die Eindrücke zusammenhält, ist nur die Illusion von einem "Ich". Wenn wir das wirklich verstehen, spielt das Ego nicht mehr den dicken Reiter auf dem Roß, der unsere unbegrenzten Fähigkeiten in ganz enge Bahnen lenkt. Der Geist zeigt, was immer in ihm lag. Er braucht keine Komödien oder Tragödien mehr zu spielen. Indem er natürlich, spontan und mühelos ist, entstehen von selbst Fröhlichkeit und unbegrenzter Überschuß.

Das Ego ist dann eine Möglichkeit, ein Reichtum, eine Facette vom strahlenden Juwel unseres Geistes. Unter seinen unbegrenzten Fähigkeiten ist auch diejenige, als ein "Ich" zu arbeiten, um z.B. gewisse biologische Prozesse zu regeln und um auf der relativen Ebene mit anderen umgehen zu können.

Grenzen wir uns nicht mehr als "Ich" ab, fällt auch die absolute Trennung zu einem "Du" weg. Dies bedeutet das Verschwinden aller störenden Gefühle wie Haß, Eifersucht, Anhaftung, Stolz und Geiz ebenso wie der daraus entstehenden schädlichen Handlungen und Worte. Schlechte Rückkoppelungserlebnisse kommen dann nicht mehr zu uns zurück, und die Basis aller Leiden löst sich auf.

Wir ruhen in uns selbst, ohne Anhaftung an gestern, ohne Angst oder Erwartungen für morgen. Natürlich sind zuerst die alten Erfahrungen noch nicht ganz ausgelöscht, es kommen immer noch Schübe von altem Karma, von früher gespeichertem Material hoch, aber man erlebt es wie gutes und schlechtes Wetter, läßt es vorüberziehen und haftet nicht daran. Die Störungen finden nichts, wo sie sich einhaken können und irgendwann fallen sie von selber ab. Sie sind wie Diebe, die in ein leeres Haus kommen und unverrichteter Dinge wieder abziehen müssen, oder wie Abwässer, die bloß vorbeilaufen. Wir brauchen nicht darin zu baden.

Von dem Moment an, wo wir nicht mehr an das eigene, begrenzte "Ich" denken, fallen also die gemischten Gefühle von uns ab. Wir sind vergleichbar mit einem Kleiderständer, an dem alle Haken fehlen: Die alten Hüte und Mäntel der Neurosen und dummen Vorstellungen fallen auf den Boden und können uns nichts mehr anhaben. Wie die berühmte Seife im Badewasser, die nicht festzuhalten ist, bindet uns nichts mehr.

Und wie führen "Sein" und "Nicht-Sein" zu einer verkehrten Anschauung der Dinge und zu Leid?

"Sein" - Materialismus gibt uns zwar ein Gefühl von etwas Festem, worauf man bauen kann, von etwas, was zu sehen, anzufassen und zu besitzen ist. Aber wenn die Dinge so wirklich sind, dann sind Krankheit, Alter, Tod und Inflation es auch; dann ist Leid plötzlich sehr fest und solide.

Gehen wir aber ins andere Extrem über, in "Nicht-Sein"-Nihilismus und glauben, nichts hat Sinn oder Existenz, dann setzen wir bloß den gemeinsamen Nenner ganz nach unten, in der Hoffnung, nun könne kein Leid mehr entstehen. Aber eine solche Sichtweise nützt den Wesen überhaupt nichts. Alles wird grau und langweilig, es ist wirklich kein bißchen Freude und Spannung im Nihilismus enthalten. Man vergißt sehr leicht das Gesetz von Ursache und Wirkung und pflanzt dadurch die Samen von neuem Leid.

Wie das Auflösen von der Trennung "Ich" -"Du" Leid entfernte, so bringt das Jenseits-gehen von Materialismus und Nihilismus die unbeschwerte Entfaltung unserer Buddha-Weisheit.

Vor 2500 Jahren sagte der Buddha im Herzsutra: "Form ist Leerheit, Leerheit ist Form. Form und Leerheit sind nicht zu trennen." Seit dieser Zeit gibt es eine Reihe von erleuchteten Yogis, die die Energiehaftigkeit und das freie Spiel der Dinge als ständiges Erlebnis haben. Heute wissen es auch einige unserer besten Wissenschaftler, zwar nicht mit ihrem ganzen Wesen - was sie erleuchtet hätte - sondern aus ihren Experimenten heraus. Diese ganz materialistisch denkenden Forscher versuchten vor ein paar Jahren in einem Zyklotron namens DESI im Hamburg, den absoluten Baustein des Universums zu finden. Sie schmetterten die bisher kleinsten Teile des Atoms, Leptone und Glukone gegeneinander und waren dann ganz fassungslos, denn ihre materialistische Welt hatte den Boden unter ihren Füßen verloren. Sie fanden nicht etwa noch kleinere Partikelchen, sondern was übrigblieb, war der Raum. Form kehrte wieder in den Raum zurück, Materie zeigte sich als nicht absolut.

Auch eine andere Sache wurde in der letzten Zeit bekannt. Einige Forscher fühlten sich fast wie Götter, denn wenn sie sich in einem völlig leeren Raum auf einen bestimmten Partikel konzentrierten, dann tauchte der Partikel innerhalb ganz kurzer Zeit tatsächlich auf.

Viele von uns wird das weniger verwundern. Wir haben schon die Erfahrung gemacht, wenn wir uns ganz fest auf jemanden konzentrieren, dann klingelt bald das Telefon oder ein Brief kommt. Wir spüren, daß unsere Gedanken und die Welt draußen irgendwie aufeinander einwirken, aber daß es tatsächlich auch im Labor nachweisbar ist, ist neu. Mit ihren riesigen Teleskopen schaut die Wissenschaft heute weit in den Raum hinaus und sieht da dieselben Gesetzmäßigkeiten arbeiten: Ganze Universen verschwinden und an anderer Stelle tauchen neue auf.

Das alles steht jetzt fest, ist keine Spekulation oder Theorie mehr und deckt sich ganz mit der Lehre Buddhas seit 2500 Jahren. Es gibt eine Essenz, die wir - um duale Begriffe zu vermeiden - "Geist" nennen und obwohl ein Wort niemals das Erlebnis ist, so wie der Finger, der zum Mond zeigt, nicht der Mond ist; der Finger ist dennoch nützlich.

Dieser Geist ist also sowohl der Raum als auch das, was im Raum geschieht; untersuchen wir aber was erscheint - unsere Körper, Vorstellungen oder die äußere Welt - so bleibt nur der Raum, nichts Dingliches ist mehr zu finden, und schauen wir in den Raum, ist er keineswegs ein Nichts. Alles entsteht aus ihm.

Warum lehrt der Buddha das? Einzig und allein damit unser Geist Freiheit von seinen eigenen Projektionen bekommt. Damit er seine gefärbten Brillen abnehmen kann und fähig wird, alles zu erleben wie es ist.

Wenn nichts geschieht, dann gibt es nichts Gefährliches, kein Loch, womit man sich sonderbar fühlt und was man sofort durch Aktivitäten ausfüllen muß, sondern es ist einfach der Raum des Geistes. Wenn etwas geschieht, auch Schwieriges - man muß montags im Regen zur Arbeit und der Polizist hat eben einen Strafzettel ans Auto geklebt - dann engt das nicht ein. Man läßt sich von den Situationen nicht eingrenzen, der Geist hat vielmehr Raum, er kann das Erlebte von vielen Seiten sehen, damit spielen, wie er will. Alle Erscheinung ist die Klarheit unseres Geistes, und daß beides zugleich dasein kann, der Raum und das, was darin geschieht, ist seine Unbegrenztheit.

Die Belehrungen über Ursache und Wirkung gab der Buddha also den Wesen, die eigenes Leid beseitigen wollten, während er jenen mit psychologischem Überschuß Mitgefühl und Weisheit lehrte.

Es kam aber auch eine dritte Gruppe zu ihm, und ich glaube, sie haben ihm viel Spaß gemacht. Mir zumindest macht es sehr viel Spaß, wenn diese Leute heute zu mir kommen.

Was diese dritte Gruppe zu etwas Besonderem macht, ist ihre Fähigkeit zur Hingabe und Identifikation. Sie sehen den Buddha oder den Lehrer nicht als etwas Anderes oder Fremdes, sondern reagieren auf ihn, als etwas ganz Bekanntes. Sie erleben ihn als Spiegel ihrer eigenen Möglichkeiten, als etwas, was sie auch selbst verwirklichen können und sie sind deshalb auf allen Wahrnehmungsebenen empfänglich.

Ihnen gab der Buddha die dritte Stufe von Belehrungen, die im tibetischen Buddhismus "Diamantweg" heißen. Die Hälfte dieser Belehrungen, und zwar die über die mühelose Spontaneität des Geistes - genannt Mahamudra - sind auch im Zen bekannt, die Energiebelehrungen über Visualisierungen, tiefes Atmen und Mantra kennt man im Zen nicht.

Der Buddha arbeitet hier mit unserem Rohstoff, mit allem, was im Geist liegt, egal ob wir Begierdetypen sind, die immer "haben" wollen, ob wir Haßtypen sind, die überall Fehler finden, oder ob wir Verwirrungstypen sind, die nicht wissen, was ihnen gefällt.

Auch die nicht-bedingten Zustände unseres Geistes kennt er, die besondere Freude, Kraft und Liebe, die erscheinen, wo die Schleier der störenden Gefühle dünn sind. Im Diamantweg zeigt er unsere zusammengesetzten psychologischen Zustände auf der Ebene der Erleuchtung, als etwas, womit wir uns identifizieren können. Die friedvoll, zornvoll, halbzornvoll, männlich oder weiblich, allein oder in Vereinigung erscheinenden Buddhaaspekte der tibetischen Meditationen sind Rückkoppelungsformen, die ein reines Bild von unseren geistigen Möglichkeiten geben. Keine der Stellungen, Attribute oder Farben der Aspekte sind zufällig, alle entstehen als spontaner Ausdruck der Raum-Wahrheit des Geistes und jede Beschäftigung damit ändert die Ebene unserer Wahrnehmungen.

Auch Mantras, die besonderen Schwingungen, die diese Energien äußerlich und innerlich aktivieren, sind Mittel, die auf diese Ebene der Identifikation gehören.

Nach der Phase der Einstellung auf die Licht-Energieform des Buddha-Aspektes, dessen Essenz wir verwirklichen wollen, lösen wir ihn dann in Regenbogenlicht auf, erleben eine Verschmelzung damit, wie Wasser das in Wasser strömt, und halten dann die Ebene als unsere Erlebniswelt fest. Alles Lebende hat die Buddha-Natur, alles ist ein reines Feld unbegrenzter Möglichkeiten, jeder Laut ist Mantra und jede Geistesaktivität strahlende Weisheit, bloß weil sie geschieht. Alles Positive ist nur noch natürlich, und unser Geist entfaltet von selbst seine unbegrenzten Möglichkeiten.

Dies sind also Methoden, die seit 2500 Jahren eine große Anzahl von Menschen sehr schnell zur vollen Erleuchtung gebracht haben. Was der Buddha damals erkannte und in die Welt setzte, haben seine Schüler verwirklicht und an ihre Schüler weitergegeben. Es ist also als ungebrochener Erfahrungsstrom bis heute lebendig.

Wenn die Leute aufhören zu fürchten und zu hoffen, und sie ihre eigenen Meditationen nicht mehr bewerten, sondern den Geist in sich ruhen lassen, da geschieht es plötzlich, daß der, der meditiert, der Buddhaaspekt, auf den meditiert wird und die Meditation selbst - Subjekt, Objekt und Tat - daß diese drei zu einer Einheit verschmelzen. Der Geist erkennt seinen zeitlosen, uferlosen Zustand, ruht in seinem klaren Licht, das untrennbar ist von Lama und Buddha.

Ich habe viereinhalb Jahre im Himalaya unter den Tibetern gelebt und ich kann wirklich sagen, daß sie nicht begabter sind als wir. Sie sind auch keine besseren Leute; obwohl sie äußerlich weniger aggressiv sind, klatschen sie mehr als wir. Aber eine Sache ist sicher: dieses kleine Land von ein paar Millionen Menschen hinter dem letzten Berg irgendwo in Zentralasien hat während der letzten tausend Jahre eine riesige Zahl von Erleuchteten hervorgebracht, viele bewußte Wiedergeburten und Lehrer mit ganz außergewöhnlichen Fähigkeiten. Und das ist nicht so, weil der Geist gelb ist und Schlitzaugen hat - früher geschah genau dasselbe in Indien und jetzt auch bei uns - sondern einzig und allein, weil in dieser Kultur die psychologischen Mittel vorhanden sind, die unsere Erlebniswelt immer reiner machen, bis eines Tages die Buddhanatur überall erkennbar ist und die unendlichen Fähigkeiten unseres Geistes sich frei entfalten können.

Erst wurden diese Mittel 1500 Jahre in Indien verwendet, dann änderte sich das Karma des Landes, die Moslems kamen und zerstörten die Hochkultur. Die Leute mit den Belehrungen gingen dann über die Berge nach Tibet, wo sie etwa 1000 Jahre gehalten und überliefert wurden, bis dann vor 25 Jahren die chinesischen Kommunisten unter Mao kamen und dort alles zerstörten. Wieder mußten die Träger der Weisheit über die Berge gehen, lebten zuerst zehn Jahre unzugänglich in den Flüchtlingslagern in Nord- und Südindien und kommen jetzt immer mehr zu uns, um zu lehren.

Wenn sie kommen, sind sie den vielen Errungenschaften des Westens gegenüber ganz aufgeschlossen, und natürlich wollen wir auch nicht von ihnen ihre sonderbaren Bräuche lernen, die nichts mit uns zu tun haben, ebensowenig wie ihre Politik mit Produktionsverhältnissen wie aus dem Mittelalter. Irgendwelche äußeren Dinge anzunehmen, hat überhaupt keinen Sinn; wir sind hier in Nordeuropa auf vielen Ebenen viel weiter gekommen als irgendwo sonst auf der Welt.

Was uns aber fehlt, ist ein lückenloser Weg von der Neurose bis zu geistiger Freiheit und Erleuchtung. Und wir haben in diesen Jahren die Möglichkeit, einen solchen zu gehen. Obwohl der tibetische Buddhismus nicht viel Reklame macht - das steht einer 2500 Jahre alten, biederen Firma nicht -, das einzige, was er zu bieten hat, Erleuchtung, ist seit der Zerstörung Tibets überall in der freien Welt zu finden.

Das war viel Stoff - hier nochmals die Hauptpunkte:

Alle Lehren des Buddha haben das Ziel, Glück zu bringen und Leid zu vermeiden und haben nur damit zu tun, wie die Dinge sind. Sie teilen sich in zwei Gruppen auf, die absolute von der offenen, klaren Unbegrenztheit des Geistes, wovon untrennbar totale Sicherheit, spontane Freude und aktives Mitgefühl entstehen, und die relative, die vom Weg. Sie zeigt, wie auf der äußeren Ebene die verschiedenen Leiden und Schwierigkeiten zu überwinden sind, wie auf der inneren Ebene Mitgefühl und Weisheit sich ergänzen lassen und wie man auf der geheimen Diamantwegsebene das eigene Potential für Vollkommenheit schnell verwirklicht. Mit dem Segen des Lehrers, der in der Kagyü-Linie den KARMAPA vertritt, verwendet man die Mittel, bis am Ende kein Unterschied mehr zwischen Buddha und uns selbst ist.

Tibetischer Buddhismus ist eigentlich eine Art freundlicher Kannibalismus. Durch unsere Offenheit nehmen wir dem Lehrer ganze Charaktereigenschaften ab und erkennen sie als die unseren. Der voll entfaltete Zustand, der daraus entsteht, ist die Erleuchtung selbst.

KAGYÜPA-KONTAKTADRESSEN
IN DER BRD, ÖSTERREICH UND DER SCHWEIZ

Da unsere bis jetzt etwa 50 Zentren in den deutschsprachigen Ländern anscheinend der tibetischen Nomadentradition folgen, sich vergrößern und dadurch umziehen, hier ein paar sichere Kontaktadressen. Jede größere Stadt hat schon eine Gruppe, mit der man meditieren kann.

DEUTSCHLAND

Karme Chö Ling Hamburg
Hakortstieg 4, D-2000 Hamburg 50
Tel. 040 / 389 56 13

Karme Chö Ling Wuppertal
Heinkelstr.27, D-5600 Wuppertal
Tel. 0202 / 875 52

Schwarzenberg, Sys Leube
Tel. 08366 / 897

Karme Chö Ling Heidelberg
Friedensstr.20, D-6900 Heidelberg
Tel. 06221 / 41 04 95

Karme Chö Ling Passau
Löwengrube 16, D-8300 Passau
Tel. 0851 / 311 95

Karme Chö Ling München
Tel. 089 / 49 37 72

ÖSTERREICH

Karme Chö Ling Wien
Fleischmarkt 16, A-1010 Wien
Tel. 0222 / 82 85 434

SCHWEIZ

Karma Dorje Ling
Neuarlesheimerstr.15, CH-4143 Dornach

KAGYÜPA-ZENTREN IN WEITEREN EUROPÄISCHEN LÄNDERN

DÄNEMARK

Karme Chö Ling Kopenhagen
Svanemöllevej 56, DK-2100 Kopenhagen
Tel. 01 / 29 27 11

Retreat-Zentrum Karme Chö Ling Rödby
Korterupvej 21, DK-4920 Sollestedt bei Rödby
Tel. 03 / 91 60 97

ITALIEN

Karma Phüntsok Dechen Ling
c/o Rondini-Savoli, Via delle Cossere 9, I-25100 Brescia
Tel. 030 / 53 782

GRIECHENLAND

Karma Drub Dje Chö Khor Ling
Platia Vathis, Sonierou 15b, GR-10438 Athens
Tel. 01 / 52 20 810

SPANIEN

Karma Gön
Atalya Alta, Apartado 179, E-29700 Velez Malaga